MÉMOIRE

Pour les Anciens Colons

De Saint-Domingue,

AU ROI,

AUX CHAMBRES,

A LA FRANCE.

Haïti garde les biens, le gouvernement français a les titres, et les colons attendent leur paiement.

(Rapport de M. Clément du Doubs.)

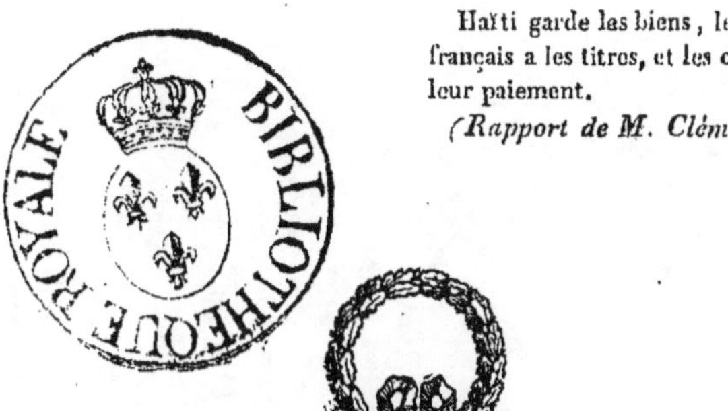

PARIS,

DE L'IMPRIMERIE DE A. MOREAU,

RUE MONTMARTRE, Nº 39.

1830.

Mémoire

POUR LES ANCIENS COLONS

DE SAINT-DOMINGUE.

———

PREMIÈRE PARTIE.

DE L'INDEMNITÉ ET DE LA GARANTIE DU PAIEMENT.

———

Les anciens colons de Saint-Domingue éprouvent le besoin de faire connaître la triste position où les place une question restée jusqu'à présent indécise.

Il s'agit de la garantie du paiement de l'indemnité qui leur est due.

Les nombreuses pétitions qu'ils ont adressées aux Chambres n'ont jamais produit qu'un intérêt stérile ; cependant ils s'applaudissent de l'accueil qu'a reçu celle dont le rapport a été fait dans la séance du 25 septembre dernier à la Chambre des Députés. L'honorable rapporteur, M. Clément du Doubs, en a fait ressortir tous les traits avec le sentiment de la conviction ; et dès lors l'espoir est entré dans leurs cœurs (1). Mais cette pétition, renvoyée aux Ministres des affaires étrangères et des finances, aura-t-elle le sort des précédentes ? restera-t-elle ensevelie dans les cartons du ministère ? La crainte s'empare encore de cette classe de Français intéressans par leur malheur, parce que leur existence se trouve compromise.

Les anciens colons s'arrêtent aux pieds de la tombe où ils vont bientôt descendre pour renouveler leurs pressantes réclamations. Puissent-ils enfin ne plus prêcher dans le désert ! leur cause est trop juste pour n'être pas entendue.

Par un traité conclu le 17 avril 1825, le Roi a concédé aux habitans actuels de la partie fran-

---

(1) « Je dois ajouter que les 150 millions d'indemnité totale » ne représentent que le dixième de la valeur des propriétés des » colons. Toutefois ces derniers ont remis leurs titres à la com- » mission instituée pour cette liquidation : Haïti garde les biens, » le gouvernement français a les titres, et les colons attendent » leur paiement. Voilà l'histoire vraie de la situation présente. » *Extrait du Rapport de M. Clément du Doubs.*

çaise de Saint-Domingue , l'indépendance pleine et entière de leur gouvernement. Cette concession s'est faite sous la condition du paiement de 150 millions de francs, imposé aux détenteurs des biens des colons pour prix de leur investiture du droit de propriété. Le traité porte, en outre , que cette somme est destinée à indemniser les propriétaires dépossédés.

Ainsi la France, par l'organe de son Roi, a reconnu comme nation libre et indépendante les possesseurs d'une portion du sol français , ceux qui n'avaient jusqu'alors à invoquer qu'une insurrection heureuse pour cesser d'obéir à la mère patrie.

Ainsi, par la trève de douze ans, conclue à Anvers , le 9 avril 1609 , l'Espagne proclama la liberté, l'indépendance des Provinces-Unies, ce qui fut confirmé par l'art. 1er. du traité de Munster.

Ainsi, par le traité du 23 septembre 1783, l'Angleterre reconnut l'indépendance des États-Unis.

Mais les propriétés particulières , dans ces divers États, ne furent pas moins garanties à leurs possesseurs , tandis que , par la concession motivée dans l'ordonnance du 17 avril, les propriétaires légitimes de Saint-Domingue sont dépossédés sans retour.

La législation de la république d'Haïti les exclut de toute participation à la propriété foncière ; leur expulsion , l'irrévocabilité de leur spoliation, l'attribution de leurs héritages à de nouveaux propriétaires, telles sont les bases du code de cet État. Tels sont les fondemens de la nouvelle société à laquelle l'ordonnance royale du 17 avril a conféré l'indépendance de son gouvernement. Telles sont enfin les dispositions législatives auxquelles l'ex-roi Charles X a donné sa sanction, c'est-à-dire que, par cet acte de sa libre volonté, il a légitimé la confiscation définitive prononcée contre une classe immense de ses sujets.

Quand l'Espagne reconnut l'indépendance de la Hollande, quand l'Angleterre reconnut celle des États-Unis, quand la France céda le Canada, la Louisiane, et plus tard les départemens que lui a enlevés le traité de 1814, la confiscation des propriétés particulières n'a été ni prononcée ni sanctionnée. Tous les traités européens qui, depuis 500 ans, ont opéré diverses cessions d'un État à un autre, ont stipulé la conservation de ces propriétés dans la main de ceux qui les tenaient par le droit, ou bien ils ont accordé aux propriétaires la faculté de les vendre dans un délai donné. La raison en est simple : c'est que tous les cabinets ont senti que le changement du souverain ne pouvait porter aucune atteinte à des droits privés, et c'est dans ce sens que sont conçus l'art. 17 du traité du 30 mai 1814, et l'art. 7 de celui du 20 novembre 1815.

La France pouvait-elle renoncer à sa souveraineté sur Saint-Domingue, sans stipuler soit la conservation des propriétés privées, soit un délai moral pour les aliéner? à plus forte raison, elle ne pouvait adhérer à la spoliation de fait déjà exécutée sur les colons, lui donner la sanction de la légitimité et la garantie du droit public de toutes les nations civilisées. D'où il suit que la France doit l'indemnité sous deux rapports également sacrés, soit parce qu'elle profite de l'infortune des colons, au moyen des traités de commerce qu'elle a obtenus ou qu'elle obtiendra, soit parce qu'elle n'a pu, en renonçant à la souveraineté, se dégager du devoir de garantir et de conserver les propriétés particulières.

Que la Chambre des Pairs et la Chambre des Députés aient reconnu, par la loi du 30 avril 1826, que la couronne n'avait pas excédé ses droits, en détachant une portion du territoire français pour l'élever à la qualité d'État indépendant, c'est ce qu'il ne s'agit plus de discuter. Des circonstances politiques, plus ou moins impérieuses, peuvent expliquer ou légitimer la renonciation que fait un souverain à une portion de ses États, soit pour en attribuer la souveraineté à un autre État, soit pour la conférer à un nouveau possesseur.

Mais autre chose est la souveraineté que la France a pu aliéner, autre chose est la propriété foncière qui appartenait aux colons de Saint-Domingue. Or, cette propriété foncière n'a pas pu être aliénée par la métropole, à leur préjudice, *sans une indemnité préalable et effective.*

« En vertu du domaine éminent, dit *Puffendorf,*
» d'après le savant *Grotius,* le souverain a droit,
» dans une nécessité pressante de l'État, ou même
» pour lui procurer quelques grands avantages,
» d'aliéner les biens des particuliers, à quelque
» titre qu'ils les aient acquis, *en sorte néanmoins*
» *que l'État doit les en dédommager des deniers*
» *publics ou sur-le-champ, déduction préalable-*
» *ment faite de leur quote part.* » (Puffendorf,
liv. 8, chap. 8.) Ces principes ont été rappelés dans un mémoire à consulter sur la question de garantie invoquée par les anciens colons. Ce mémoire, rédigé par M. Dalloz, avocat aux Conseils, appuyé de l'opinion de nos plus savans jurisconsultes (MM. Odilon-Barrot, Mérilhou, de La Grange, Dupin jeune), et de l'adhésion des avocats le plus distingués du barreau de France, (MM. Barthe, Isambert, Hennequin et autres), ce mémoire ne laisse rien à désirer sous le rapport de la logique ; et il est clairement démontré que le gouvernement français ne peut échapper à cette garantie envers les anciens propriétaires de Saint-Domingue.

Voilà six ans que leurs biens ont été vendus pour la somme de 150 millions, qui devait être payée en cinq termes égaux, d'année en année. Il n'y a eu de versé qu'un premier cinquième de cette somme, encore ne l'a-t-il été qu'incomplètement; les autres termes sont en retard, et bientôt le gouvernement d'Haïti s'est déclaré dans l'impuissance de se libérer.

Cependant, le traité fut présenté aux Chambres comme avantageux pour un commerce réciproque, comme étant le seul qui avait été offert, le seul enfin dont l'exécution avait été possible. (*Exposé des motifs du rapport de M. de Villèle, à la Chambre des Députés.*)

Comment se fait-il que de nouvelles négociations aient été depuis jugées nécessaires? pourquoi sont-elles devenues interminables? par quel renversement de principes veut-on soumettre à leur résultat une libération qui n'a déjà été que trop prolongée?

Certes, il y a d'étranges contradictions dans la marche qu'on a suivie pour une affaire aussi simple, et qui pourtant doit avoir une fin, si l'humanité entre dans les combinaisons de la justice.

Le gouvernement a fait connaître les sentimens dont il est animé; il veut que les *fraudes et les violences soient punies, que les erreurs soient réparées, que tous les intérêts soient garantis, que justice soit rendue à tous.*

Il a donc la volonté de faire aux anciens colons de Saint-Domingue l'application de ces généreux sentimens ; et lorsqu'ils ont accepté ce qui a été fait pour eux et sans leur participation, c'est bien le moins qu'ils ne soient pas plus long-temps traînés de déception en déception.

Le gouvernement est sans doute bien libre d'accorder de nouveaux délais pour l'exécution du traité d'avril 1825, mais de nouvelles négociations sont absolument étrangères aux anciens colons, et ne peuvent leur être opposées comme ajournement indispensable au paiement de l'indemnité.

Jusqu'à présent, on a paru se prévaloir de l'absence du mot *garantie*, qui n'est pas littéralement exprimé dans le traité ni dans la loi. On a dit et l'on répète que le gouvernement n'est engagé à payer qu'au fur et à mesure qu'il recevra de la république d'Haïti. On suppose donc que, désormais réduit à recevoir de cette république d'autres conditions que celles qu'il lui a imposées pour prix de son indépendance, il pourra se retrancher indéfiniment dans son impuissance, et repousser toute garantie personnelle.

Est-ce bien sérieusement qu'on a recours à ce moyen dilatoire ? Eh quoi ! le gouvernement s'est constitué le mandataire des anciens colons ; il a vendu leurs biens pour une somme qui n'équivaut pas au dixième de leur valeur ; il a traité pour obtenir des avantages politiques et commer-

ciaux ; par soumission à la la volonté du gouvernement, il y a eu acceptation forcée de la part
des propriétaires dépossédés ; ceux-ci lui ont
livré leurs titres pour être liquidés et payés...,
et ce paiement deviendrait illusoire !

Non, il est impossible qu'un gouvernement qui
veut faire, de la loyauté et de la bonne foi, la règle
de sa conduite et de ses principes, donne à une
nation généreuse un exemple aussi contraire.

On objectera peut-être que les avantages commerciaux ne sont encore que fictifs ou incertains.
Et qu'importe à ceux qui ont été dépouillés de
leurs droits ? Le gouvernement français est-il
moins garant et responsable pour avoir pris l'i-
nitiative de la spoliation, pour l'avoir consom-
mée ? Les Chambres elles-mêmes ont coopéré à
cette œuvre, en approuvant la mesure de l'indépendance d'Haïti ; elles ont fait plus : elles ont
examiné avec une scrupuleuse attention le projet
de loi relatif à l'indemnité ; elles ont rigoureuse-
ment discuté tous les articles de ce projet ; elles
ont fixé toutes les conditions au partage entre les
anciens colons, ainsi qu'aux droits de leurs créanciers : elles ne peuvent donc refuser au gouvernement les moyens d'exécuter le traité d'avril
1825.

On a cru devoir accorder une indemnité d'un
milliard aux émigrés dont l'infortune a paru res-
pectable ; cependant la réparation ne devait pas

être plus sacrée que ne l'est aujourd'hui celle des anciens colons de Saint-Domingue.

La spoliation des émigrés et des colons date des mêmes époques et fut le résultat de la même révolution.

Les propriétés des colons étaient acquises et possédées aux mêmes titres et en vertu des mêmes lois qui protégeaient les propriétés de tous les Français, sans distinction.

Les émigrés ont eu pour indemnité dix-huit fois le revenu d'une année de leurs biens.

Les colons ont été sacrifiés à des calculs arbitraires, établis à l'avantage des nouveaux propriétaires ; leur indemnité a été fixée au dixième seulement de la valeur présumée des biens, à l'époque de 1789. *C'est à peine une année de revenu !*

Les émigrés ont obtenu de hauts emplois, des priviléges, des faveurs.

Les anciens colons ont été repoussés, abandonnés et réduits à une chétive aumône qualifiée secours.

Il y a cette différence en faveur des colons, c'est qu'ils n'émigrèrent point, et que, au contraire, ils défendirent pied à pied le sol que leurs travaux avaient fécondé.

Ceux qui échappèrent aux massacres furent exilés ou déportés, et leurs propriétés mises sous le séquestre.

Dans quelles mains a passé le produit de leurs biens séquestrés? Dans celles du gouvernement français, qui en a joui pendant neuf ans, de 1794 à 1803? Il n'a point imité l'exemple donné par le gouvernement anglais, qui, ayant occupé plusieurs quartiers de Saint-Domingue, de 1794 à 1798, a remboursé, depuis l'évacuation de ses troupes, les sommes provenant du séquestre qu'il avait continué de maintenir sur les biens des absens et celui de toutes les réquisitions faites pendant son occupation !

Est-il besoin de citer un exemple plus récent et non moins honorable? on le trouve dans la conduite du gouvernement espagnol de l'île de Cuba, qui a restitué aux réfugiés de Saint-Domingue tout le revenu des propriétés qui avaient été séquestrées pendant la guerre de la Péninsule.

Voilà de la justice! et si l'on veut mettre ces restitutions en regard de l'oubli du gouvernement français, le tableau ne présentera que des idées qu'il serait par trop pénible de caractériser.

Le fait est qu'il a joui pendant neuf ans du produit des biens séquestrés à Saint-Domingue. Or, ce produit lui ayant rapporté des sommes considérables qu'il s'est appropriées, les colons en ont éprouvé un surcroît de perte, et c'est un motif de plus pour exécuter le *paiement intégral et immédiat de l'indemnité, incontestablement à la charge de la France.*

On a dit que la garantie de ce paiement n'était pas dans la pensée de M. de Villèle : cela est possible et même vraisemblable. Quoi qu'il en soit, si elle n'est pas entrée non plus dans le répertoire des idées de ses successeurs, elle est écrite dans le droit commun, qui ne peut être déchiré au détriment de ceux qu'on a expropriés.

Ils ne possédaient plus rien par le fait! a-t-on dit et souvent répété, comme pour apaiser la conscience du gouvernement. Mais n'est-ce donc rien que le droit de propriété? Les détenteurs actuels des biens des colons l'avaient eux-mêmes reconnu et respecté à tel point qu'ils avaient ouvert, par l'intermédiaire d'agens particuliers, des négociations avec des anciens propriétaires pour réunir le droit à la possession de fait (1).

Ainsi, au lieu de trancher arbitrairement dans les intérêts des colons, le gouvernement français devait leur accorder un délai moral pour en traiter par eux-mêmes; il pouvait sans doute demander

---

(1) Il est certain que, peu de temps avant le traité d'avril 1825, des Anglo-Américains ont fait à des colons résidant en France, des propositions plus avantageuses que celles résultantes de l'indemnité stipulée pour eux. Entre autres exemples, on peut citer l'offre de 700,000 fr., dont 300,000 fr. comptant et un hôtel à Paris, faite à un ancien propriétaire qui n'a été liquidé depuis qu'à 180,000 fr. L'affaire fut rompue sur la nouvelle des négociations entre la France et la république d'Haïti.

la préférence ; dans tous les cas, il était juste que ce fût au plus offrant.

Mais comme il paraît avoir été poussé à la mesure de l'indépendance d'Haïti par l'intérêt de sa politique et du commerce, c'est-à-dire pour cause d'utilité publique, il a par cela même assumé sur lui la garantie de ses combinaisons. Que s'il s'est trompé dans ses négociations premières, c'est un malheur dont les anciens colons ne peuvent être passibles ; s'il croit devoir adhérer à de nouvelles propositions, à de nouveaux arrangemens, c'est sa propre et unique affaire. Qu'il emploie les moyens qui lui conviendront pour faire payer l'indemnité stipulée par le traité d'émancipation, il est hors de doute que ce paiement ne peut pas être une condition de celui dont il est garant.

DEUXIÈME PARTIE.

DE LA LIQUIDATION ET DES TRAVAUX DE LA COMMISSION.

Moins favorisés que les émigrés, admis à exercer un recours devant le Conseil d'État, les anciens colons de Saint-Domingue sont livrés à une commission souveraine, qui s'est créée une jurisprudence au moyen de laquelle elle tranche sur les réclamations présentées, et qui souvent prononce sur des bases erronées.

C'est à regret que les anciens colons se voient encore dans la nécessité de se plaindre des travaux de la commission et des lenteurs d'une liquidation largement imprégnée d'un arbitraire qui a son texte dans la loi.

Pour rendre ces plaintes palpables et afin de mieux faire ressortir l'état d'inertie des bureaux de cette commission, il suffira de donner une esquisse de ses opérations depuis cinq ans.

Sur seize mille demandes qui lui ont été adressées à partir de cette époque, conçoit-on qu'il n'y en ait que cinq mille tout au plus de liquidées? Et si l'on veut bien remarquer que ces liquidations ont été faites en faveur des grands propriétaires, qui emportent à eux seuls les deux tiers de l'indemnité, on sera forcé de convenir que ces plaintes ne sont pas l'effet d'une injuste critique. La répartition de l'autre tiers est réservée aux petits propriétaires; c'est-à-dire à ceux qui sont le moins grevés de dette, mais dont les besoins sont plus urgens; et, dans ce cas, il faut qu'ils se soumettent à l'ordre des travaux irréguliers de la commission.

Et comme tout est relatif, il ne faut pas perdre de vue, à l'égard des dettes, les contestations

dispendieuses que fait surgir l'avidité de créanciers impitoyables, et les retards et les dégoûts
qu'elles occasionent. C'est au point, qu'en définitive, il ne reste presque rien à ceux qui n'ont
pu toucher que le premier cinquième résultant
d'une faible liquidation (1).

Après tant de sacrifices de leur part, ajourner
encore le paiement intégral de l'indemnité qui
leur est due, n'est-ce pas prolonger les angoisses
de leur douloureuse existence?

L'intérêt du commerce, notamment celui de
plusieurs maisons de nos villes maritimes, est le

---

(1) Encore bien que tous les actes relatifs à l'indemnité soient
exempts des droits du timbre et de l'enregistrement, le fisc est
comme vengé de cet abandon par des rapacités étrangères qui
absorbent en grande partie le premier cinquième de l'indemnité
disponible. C'est avec raison qu'on a dit que la loi avait été faite
tout à l'avantage des créanciers des colons, des avoués, des huis-
siers, etc. D'un autre côté, cette loi, qui semblait devoir apporter
quelque adoucissement au malheur, n'offre souvent aux anciens
colons qu'une déception de plus. Dans des transactions entre
créanciers et débiteurs, le fisc perçoit le droit proportionnel sur
l'engagement primitif, de sorte que ne recevant que 2 p. o/o re-
présentant le premier cinquième, le débiteur est obligé de par-
tager avec le fisc le droit de quittance qui est de 1 p. o/o.

Telle n'a pas été, sans doute, l'intention du législateur, qui
a voulu comprendre les transactions particulières dans la caté-
gorie des actes exempts de tous droits fiscaux.

même que celui des anciens colons , puisque ces maisons absorbent à elles seules une grande partie de la somme allouée à ces derniers par le traité d'avril 1825.

Cette partie doit rentrer dans les caisses des maisons de Bordeaux, de Nantes , du Havre et de Marseille. Ainsi , le commerce et l'industrie qui jouissent déjà du bénéfice du traité, en ce qui les concerne, viennent encore prendre part à l'indemnité accordée aux anciens propriétaires de Saint-Domingue.

Il y a donc entre eux communauté d'intérêt.

Il peut être permis d'ajouter que, si le gouvernement eût payé, comme il devait le faire , cette indemnité aux époques qu'il avait lui-même fixées, le commerce n'éprouverait pas aujourd'hui les embarras qui le forcent à recourir à des emprunts. Il n'en est pas d'un État qui paie une dette ou qui fait une dépense, comme d'un particulier. Celui-ci diminue son capital sans aucune compensation ; l'État, au contraire, reprend par les impôts et par la production qui est le résultat de l'emploi des capitaux , une partie de ce qu'il a payé ou dépensé pour ses sujets.

Si la somme due aux anciens colons et à leurs créanciers, leur était payée , il est certain que ce capital, étant employé d'après les prévisions du gouvernement, procurerait des avantages commerciaux dont s'accroîtraient les revenus du fisc.

Dans tous les cas, le droit des anciens colons est certain, et s'il s'agissait de le discuter devant les tribunaux, entre simples particuliers, la question serait bientôt résolue. Eh bien, dans l'état où elle se trouve vis-à-vis du gouvernement, elle peut encore se simplifier par l'exemple que doit toujours donner le pouvoir suprême de la fidélité aux principes.

En dernière analyse, l'exécution du traité de 1825 est garantie par la dignité de la couronne, par l'honneur de la France et par les principes de l'ordre social.

Elle doit l'être d'après les nobles sentimens qui animent le gouvernement actuel ; il a fait sa profession de foi : *Justice à tous, fraudes et violences punies, réparation des erreurs, enfin tous les intérêts garantis.*

Qu'il prenne donc en considération l'affreux dénûment de quelques vieillards échappés aux désastres de Saint-Domingue, et qui n'ont pas les ressources de ces collatéraux admis comme eux au partage de l'indemnité, il sentira qu'il y a urgence de les satisfaire.

Ce n'est point l'aumône qu'ils demandent, ce n'est pas non plus une récompense pour ceux de leurs enfans qui ont combattu pour la patrie, c'est le prix de la vente de leurs biens qu'ils réclament au nom de la justice et de l'humanité.

Le gouvernement français, les Chambres, la France entière ne peuvent être sourds à leur cri de détresse. Ils ne repousseront point cette demande fondée sur une loi.

Signés NICOLAY, WANTE, le Marquis de PERRIGNY, le Comte DU HAMEL, A. FLANET, le Colonel DENEUX, le Chevalier de LADÉBAT, le Chevalier DE ROSSIGNOL DE GRANDMONT, FILLEAU, DURANDEAU, LOUIS DUFEU, DUMOUSTIER, CLAUSSON, le Marquis de FONTENILLE, BARRAULT-ROULLON, C. VANHUFFEL, NADAU, DUPONT, GILLERON, HACQUET, CASTAING, GUIBERT-DUVALLON, DELATOUCHE, O'SHIEL.

Trois des signataires de ce Mémoire représentent cinq à six mille ayant droit à l'indemnité.